THE MOUNTAINS OF KONG

THE MOUNTAINS OF KONG

NEW & SELECTED PROSE POEMS OF

DAG T. STRAUMSVÅG

TRANSLATED BY ROBERT HEDIN AND THE AUTHOR

Assembly Press
Prince Edward County, Ontario

Library and Archives Canada Cataloguing in Publication

Title: The Mountains of Kong / new & selected prose poems of Dag T. Straumsvåg ; translated by Robert Hedin and the author.
Names: Straumsvåg, Dag T., 1964- author, translator | Hedin, Robert, 1949- translator | Container of (work): Straumsvåg, Dag T., 1964- Mountains of Kong. | Container of (expression): Straumsvåg, Dag T., 1964- Mountains of Kong. Nynorsk.
Description: Text in Nynorsk with English translations.
Identifiers: Canadiana (print) 20240538579 | Canadiana (ebook) 20240538684 | ISBN 9781998336074 (softcover) | ISBN 9781998336081 (EPUB)
Subjects: LCGFT: Poetry.
Classification: LCC PT9086.S87 M6813 2025 | DDC 839.821/8—dc23

Published by Assembly Press | assemblypress.ca
Cover design by Greg Tabor and Angella Kassube | Interior design by Greg Tabor

Printed and bound in Canada on uncoated paper made from 100% recycled content in line with our commitment to ethical business practices and sustainability.

for Angella

CONTENTS

II.

III.

Icicles are in deep conversation.
I pretend I belong and start talking.
—Tom Hennen
"Out of Work More Than a Year Still No One Answers My Letters of Application"

Lone traveler
crossing the wintry field
munching an orange
—Masaoka Shiki
(translated by John Brandi and Noriko Kawasaki Martinez)

A NORWEGIAN POET IN NORTH AMERICA

I first became acquainted with the Norwegian poet Dag T. Straumsvåg through a mutual friend of ours, the Canadian poet Hugh Thomas, who met Dag on a trip to Trondheim, where Hugh was attending a mathematics conference. We began exchanging emails with increasing frequency, and even had the occasional audio visit on Skype. It was (and is) always exciting to find Dag in my inbox. His interest in literature and music and people and friendship translates into an enthusiasm that often bursts off the screen.

Somehow, Dag has managed to become an honorary Canadian poet through his distance friendships with Hugh and me, and with Nelson Ball and Michael Dennis and Jason Heroux—he wants to *know* the poets he admires. I learned early on that he had already become an honorary American poet, through correspondences with and translations by Robert Hedin and Louis Jenkins, and his transatlantic friendships with John Levy, Tom Hennen, Connie Wanek, and other poets in the US. Athough I have never met Dag in person, his warmth permeates his emails, just as it permeates his poems—even the foreboding ones.

Dag's often surrealist/absurdist prose poetry hasn't yet found its place in Norway's poetry landscape. He's not a member of the academe, nor is he part of any formal experimental movement. His sole book published in Norway, back in 1999—*Eg er Simen Gut* (*I Am Simen Gut*)—was primarily a collection of nature poems, but his interests—including his immersion into the works of Russell Edson, Daniil Kharms, and James Tate, among others—eventually took him to wildly different poetic territories after that debut publication. And Dag has since been championed by a good dozen prominent poets in the US and Canada, where he has attracted a modest but devoted following.

In fact, Dag has had two full-length prose-poem collections published in the US, as well as three chapbooks in Canada: *Nelson* (Proper Tales Press) and *But in the Stillness* (Apt. 9 Press), both homages to the Canadian poet Nelson Ball, and *A Further Introduction to Bingo,* Dag's collaboration with Jason Heroux (above/ground press). A fourth chapbook, *Eleven Elleve Alive* (shreeking violet press), features eleven poems by me, translated into Nynorsk by Dag, and then back into English by Hugh Thomas. (Nynorsk, one of Norway's two official written languages, draws from the country's dialects and is a less formal, more creative, and perhaps more rural language. Like Nobel Prize winner Jon Fosse and the legendary Norwegian poet Olav H. Hauge, Dag has chosen Nynorsk as the vehicle for his writing.)

Dag has also published a stunning bilingual selection of poems by the Ottawa poet Michael Dennis—in English and in Dag's Nynorsk translations—through A + D, the micropress he operates with Angella Kassube of Minnesota. The book was released in September 2020, while Michael was barrelling headlong toward the end game of a terrible cancer prognosis. Dag worked hard to ensure that Michael held that collection in his hands. He has also translated book-length selections by Nelson Ball, Robert Hedin, and me (they may someday see publication), and has published, through A + D, a brilliant bilingual gathering of American poet Tom Hennen's work, again with Dag's own Nynorsk translations.

Deep friendships have evolved not only through mutual

respect and effusive dialogue, but also through the shifting of poems between languages. It seemed fitting for me to bring the manuscript for this book to the editors at the then-just-announced Assembly Press in 2023: a book of poetry by an adventurous Norwegian poet, translated with an adventurous American poet, and published by an adventurous new Canadian press.

Beyond these prose poems, Dag also creates other kinds of poems: his experimental haiku strings, his minimalist gems, his deeply personal poems of pure observation. I feel confident that we're going to see all the sides of Dag's work in North America.

It is bewildering to me that Dag's home country doesn't celebrate such a vibrant, thoughtful, reader-friendly poet! But perhaps on this continent there is more of an appetite—even a hunger—for the absurd, the surreal, and the darkly humorous, and we are fortunate to have the opportunity to read his stunning prose poems in English. Maybe someday Norway will catch up. Maybe someday there will be a statue of Dag alongside the statue of King Olav V and his dog, Troll, in Oslo.

In the meantime, we here in the English-speaking world can strap on some supplementary oxygen and climb *The Mountains of Kong* in all its beautiful strangeness, translated by Robert Hedin and Dag himself. These sixty-one fearless poems are teeming with a profound curiosity and with Dag's own brand of mystery and magic.

Stuart Ross
Cobourg, Ontario, 2024

FOREWORD

The Mountains of Kong presents sixty-one of the rich, evocative prose poems of Norwegian poet and translator Dag T. Straumsvåg. A bilingual edition, it includes a generous selection of poems from his previously published volumes as well as a gathering of new poems that have never before been translated into English and appear here for the first time.

For those who prefer poetry to be prudent and well-behaved, the poems of *The Mountains of Kong* will come as a surprise. They are not well-mannered, restrained, or fastidious in any way, nor do they follow a traditional narrative path. Instead, they are quirky, quixotic, and, above all, endlessly inventive—brief, jazz-like riffs that through their deft phrasing and many unexpected turns travel a constant course of discovery, often voyaging off the map into worlds where nothing is as it seems and "not a single landmark is where it should be." As Straumsvåg writes in "The Prose Poem":

> I like to think of the prose poem as an explorer setting sail for the open sea, lost in the legends of El Dorado or Soria Moria, the dream of a new world where everything is possible, anything can happen.

There are the befuddled elephants in "Postcard with Elephants" that endlessly wander the African savannah, trying to perfect their breathing techniques. And the Neanderthal in "A Quiet

Week" who inadvertently invents the world's first dice. And the campers in "The Campgrounds" who discover the lost link between badminton and banality.

Despite such a colourful, unpredictable cast, it's reality and the saving grace of the imagination that ultimately are the principal players here, and throughout these poems Straumsvåg explores the many flashpoints, those brief epiphanic moments that occur when these two forces collide, often with very humorous effects.

Which is not to say that darker moments do not inhabit these poems, moments like those in "November," "UFOs in the Norwegian Countryside," and "The Barricade," in which Straumsvåg ushers us into landscapes that are neither heaven nor hell, but purgatories of our own making, ones populated by nagging fears, anxieties, and existential perplexities.

"'Fishing's no picnic,'" the fabled lure-maker, Urho Sariainen, tells us, "scratching a one-eyed Rapala on its belly." And, indeed, he is right. Throughout these lively, idiosyncratic poems, Straumsvåg fishes up out of the depths the dark and unsettling, the wonderfully odd and unpredictable. The result is a book that is not only memorable and engaging but unusually rewarding in its revelations, one filled with the playful joys of discovery, of the imagination, the immemorial spirit of the creative journey itself.

Robert Hedin
Frontenac, Minnesota, 2024

I.

DET TAPTE LANDET

Etter å ha reist i tre veker kom eg endeleg fram til staden der eg blei fødd. Ved den nedlagte bensinstasjonen ser eg ein mann på min eigen alder. "Eg voks opp i huset der borte," seier eg, peiker på ein tom stad i ugraset. Han svarar ikkje. "Du og eg var bestevener, vi leika indianar og cowboy kvar dag, grov etter naziskattar i det forlatne grusholet. Hugsar du ikkje?" Han svarar framleis ikkje. "Vi klatra opp Mount Everest saman, kryssa Sahara på sykkel, patruljerte den kinesiske mur... Nei, eg tullar berre. Eg har aldri sett deg før." Då lyser andletet hans opp. "No hugsar eg alt. Det var ei fantastisk tid. I årevis har eg hatt denne tomme kjensla inni meg, ei stor sorg. Eg glei som ein drake over eit utbrend landskap, ingenting anna enn rykande kol og døde tre. Det var frykteleg. Du anar ikkje kor mykje eg har lide." Han grip handa mi og lovar at denne gongen skal han skrive, denne gongen skal han ikkje gløyme.

THE LOST LAND

After three weeks of travelling, I finally arrive back at the place where I was born. By the boarded-up gas station, I see a man my own age. "I grew up in that house over there," I say, pointing to the vacant lot of weeds. He doesn't say a word. "You and I were best friends. We played 'cowboys and Indians' every day, we searched for Nazi treasures in the abandoned gravel pit. Don't you remember?" He still doesn't answer. "We climbed Mount Everest together, we bicycled the Sahara, we patrolled the Great Wall of China. No, I'm just kidding. I've never seen you before in my life." Then his face lights up. "Yes, I remember now. It was a fantastic time. For years I've carried around this emptiness inside, a great sadness. I was soaring like a dragon over a scorched landscape, nothing but smoking charcoal and dead trees. It was terrible. You have no idea how I suffered." He grabs my hand, promising this time he'll write, this time he will never forget.

EI STILLE VEKE

Det har vore ei stille veke i hola, og neandertalaren fingrar med ein hårball han fann i magen på ein moskus. Det er ein feittete hårball, og han oppdagar at han kan forme den til figurar, kva som helst fingrane hans er i stand til å skape. Han klappar ballen til ein firkant, rullar runde kuler av talg og kliner dei i eit tilfeldig mønster på kvar side. Nydeleg. Det er noko moderne over forma, nesten minimalistisk. Ei perfekt form for vår tid, tenkjer han, enkel og tydeleg. Han kastar firkanten i lufta, legg den på hovudet, rullar den over holegolvet. Han klarar knapt å ta auga frå den. Kva for mønster vil vere synleg når den stoppar? Han kastar den ein gong til og prøver å gjette. Etter fem kast gjettar han rett. Han pustar ut, reiser seg, går bort til holemunnen. Dette er noko heilt nytt. "Betyr det at vi må ta eit nytt steg opp på evolusjonsstigen?" sukkar kona hans. "Dette er turbulente tider," seier han, "alt muleg kan skje."

A QUIET WEEK

It's been a quiet week in the cave, and the Neanderthal fingers a hairball he found in the stomach of a musk ox. A greasy hairball, and he realizes he can mould it into any shape he wants, whatever his hands are capable of making. He pats the hairball into a cube, then makes pellets out of tallow and smears them in random patterns on every side. Beautiful. There's something modern, almost minimalistic, about the form. It's perfect for our times, he thinks, simple and clear. He lobs it into the air, balances it on his head, rolls it across the cave floor. He can hardly take his eyes off it. What pattern will show up when it stops? He throws it one more time and tries to guess. After five attempts, he gets it right. He exhales, stands up, walks over to the cave door. This is something completely new. "Does this mean we'll have to climb one more rung on the evolutionary ladder?" his wife sighs. "These are turbulent times," he says. "Anything can happen."

TO ROM OG KJØKEN

Den førre leigebuaren kunne skrive med båe hender samtidig, seier huseigaren og ristar på hovudet. To rom og kjøken. Bad. På hattehylla eit par hanskar. Den eine, den eg trur høyrde til venstrehanda hans, er påfallande lik den andre.

TWO ROOMS AND A KITCHEN

The previous tenant could write with both hands simultaneously, the landlord says, shaking his head. Two rooms and a kitchen. A bath. On the hat rack a pair of gloves. One of them, the one I believe belonged to his left hand, looks remarkably like the other.

DR. ALFRED

Han fekk denne sjukdomen, ein liten sjukdom, men han hadde ingen andre. Foreldra hans var døde, venene borte. Først var han reservert, så merka han at sjukdomen hadde sosiale evner han sjølv mangla. Folk tødde opp når dei var på besøk, prata meir. Han stelte sjukdomen med kjærleg hand, bar den med seg overalt. Han såg den vekse til ein avart ingen hadde sett før, og dei blømde i merksemda som blei dei til del. Men sjukdomen blei sterkare, tok meir og meir over, var med i TV-debattar, gjekk ut på byen åleine. "Det vil berre vere fagfolk der, du ville ikkje skjøne noko av det." Seint ein kveld seier sjukdomen at dei må prate saman. "Eg er lei for det, men eg føler at du og eg har vokse frå kvarandre. Eg flyttar inn hos dr. Alfred. Du hugsar Alfred? Vi har møttest i løynd dei siste månadane. Vi passar berre *så* godt saman."

DR. ALFRED

He came down with this disease, a small disease, but it was all he had. His parents were dead, his friends gone. At first he was reserved. Then he noticed the disease had social skills that he lacked himself. People opened up when they visited, talked more. He cared for the disease with a loving hand, carried it with him wherever he went. He watched it grow into a strain no one had ever seen before, and he blossomed at the attention they got. Then the disease grew stronger, took more and more control. It participated in TV debates, went out on the town alone. “Only specialists will be there. You wouldn’t understand a thing.” Late one night the disease told him they had to talk. “I’m sorry to have to tell you this, but you and I have grown apart. I’m moving in with Dr. Alfred. You remember Alfred? We’ve been seeing each other secretly for several months. We’re *so* good together.”

RESURGAM I DELTA PAVONIS-SYSTEMET

Dei fleste oppfinningar er inspirert av ting i naturen. Tenk på hjulet. Eller datamaskina. Datamaskina er ikkje ulik menneskehjernen, samansett, skrøpeleg, ein berar av dårleg nytt: "En uopprettelig feil har oppstått i Stasjon C." Stasjon C er basen til ei gruppe arkeologar som i tre år har leita etter prov på intelligent liv i Mantellsektoren, nordre Nekhebet, Resurgam i Delta Pavonis-systemet. Ein kald og nådelaus vind blæs over dei tørre slettene. Det einaste den tre dagar lange stormen ikkje øydela, var ein jarnspade og skipsloggen. I'koor, den siste overlevande frå Stasjon C, skriv: "Denne ekspedisjonen har vore ein fiasko frå dag ein. Det var ikkje teikn til intelligent liv her ute før vi kom, og no skal eg slå meg i hovudet med denne spaden."

RESURGAM IN THE DELTA PAVONIS SYSTEM

Most inventions are inspired by things in nature. Think of the wheel. Or the computer. The computer is not unlike the human brain, complex and frail, a bearer of bad tidings: "A fatal error has been detected in Station C." Station C is the base camp for a group of archaeologists. For three years they have been looking for signs of intelligent life in the Mantell Sector, North Nekhebet, Resurgam in the Delta Pavonis System. A cold and relentless wind blows across the dry plains. The only things the three-day hurricane didn't destroy were an iron shovel and the ship's log. I'koor, the last survivor from Station C, writes: "This expedition has been a failure from day one. There wasn't any sign of intelligent life out here until we arrived, and now I'm going to hit myself over the head with this shovel."

SKULD

Vi skuldar Elisabeth og Tomas middag. Vi skuldar bestemor eit besøk til grava hennar. Vi skuldar bror min julegåver for to år, og Lars ein solid siger i bridge. Vi har forsømt hagen i årevis, for ikkje å nemne fru Hansen ved sidan av. Vi skuldar katten ny sand, kemnaren tjueto tusen, og sjefen til kona juling for lenge sidan. Vi skuldar det skiftande vêret veker med influensa. I bassenget til naboen ligg den gule plastanda på ryggen med beina i vêret. Vi skuldar ho ei gjenoppliving. Og borte i gata kjem postmannen gåande med ein ny bunke rekningar. Vi skuldar han så mykje. Vi vil aldri klare å betale han det han fortener.

DEBTS

We owe Tomas and Elisabeth dinner. We owe my grandmother a visit to her grave. We owe my brother Christmas presents for the last two years, and Lars a solid win at bridge. We've neglected our garden for years, not to mention Mrs. Hansen next door. We owe our cat fresh sand, $22,000 in back taxes, and the wife's boss a beating from long ago. We owe the changing weather several weeks of flu. In the neighbour's pool, the yellow rubber duck has capsized, its legs sticking straight up in the air. We owe it a resurrection. And now, down the block, the mailman comes with a heap of new bills. We owe him so much. We'll never be able to pay him what he deserves.

CHARLES BUKOWSKI

Ein framand står av toget på Trondheim sentralstasjon og går opp i byen. Når han kryssar jarnbanebrua byrjar det å regne, og han smett inn i ein storkiosk. To veggar med pocketbøker på engelsk. Tom Clancy, J.K. Rowling, Dan Brown, George R. R. Martin, *Fifty Shades of Grey*, og ei halv hylle med bøker av Charles Bukowski. Seinare går han inn i ein bokhandel med eit større utval, og dei har òg ei halv hylle med Bukowski. I løpet av dei neste tre månadane besøker han kvar bokhandel i byen, og det er det same overalt. Ei halv hylle med Bukowski. *Post Office, Ham On Rye, Come On In!, The Pleasures of the Damned, Factotum, Pulp, Women, Run with the Hunted, The Days Run Away Like Wild Horses Over the Hills*. Han forstår det ikkje. Ingen han spør har lese Charles Bukowski, er interessert i Bukowski, har kjøpt ei einaste bok av Bukowski. Det er ufatteleg. Han får ikkje sove om natta. Han byrjar å prate med seg sjølv. "Han dansa som ein mystikar" ... "Eg vil lære meg ein ny sjukdom" ... "Rommet var mørkt, det såg ut som nokon måtte kome seg ut fort" ... "Det er pyramidar nedgrovne under gatene i denne byen" ...

CHARLES BUKOWSKI

A stranger gets off the train at the Trondheim station and walks into town. As he crosses the railroad bridge, it begins to rain and he slips into a convenience store. Two walls are covered with paperbacks in English. Tom Clancy, J. K. Rowling, Dan Brown, George R. R. Martin, *Fifty Shades of Grey*, plus half a shelf of books by Charles Bukowski. Later, he enters another store, this one with a larger selection, and it, too, has half a shelf by Bukowski. For the next three months he visits every convenience store in town, and it's always the same. Half a shelf of Bukowski. *Post Office, Ham on Rye, Come On In!, The Pleasures of the Damned, Factotum, Pulp, Women, Run with the Hunted, The Days Run Away Like Wild Horses Over the Hills*. He can't figure it out. No one he asks has read Charles Bukowski, has any interest in Charles Bukowski, has ever bought a book by Bukowski. It boggles his mind. He can't sleep. He begins talking to himself. "He danced like a mystic." "I want to learn a new sickness." "The room was dark, it looked like someone had to get out fast." "There are pyramids buried under the streets of this city."

AV/PÅ

Vi kjøpte ein cocker spaniel, men han var ikkje realistisk nok, så vi gav han bort. Då gullfisken døydde gjekk vi over til apparat—den gamle brødristaren, komfyren med keramikktopp. Apparat er heller ikkje feilfrie, men av/på-knappane fungerte så godt at vi bestemde oss for å utvikle eit liknande system for oss sjølve. I staden for knappar brukar vi klubber. Ein kakk i skallen betyr "det er din tur til å vaske opp." Ein rapp over skinnleggen betyr "lat meg vere i fred." Eit tungt slag i solar plexus betyr "kan du gjenta det, er du snill?" Livet er enklare no. Ungane steller seg i kø kvar kveld for å ta oppvasken, eg får lese avisa i fred, og når det er noko vi må seie, går vi rett på sak med upåklageleg diksjon.

ON-OFF

We bought a cocker spaniel, but it wasn't realistic enough, so we gave it away. When the goldfish died, we turned to appliances—our old toaster, the glass-topped stove. Appliances are not flawless either, but the on-off buttons worked so well we decided to develop a similar system of our own. Instead of buttons, we use baseball bats. One rap on the skull means "It's your turn to do dishes." One smack to the shins means "Leave me alone." A heavy blow to the solar plexus means "Can you repeat that, please?" Life's a lot simpler now. The kids line up every night to do dishes, I get to read the paper in peace, and when we're talking we get straight to the point, our diction impeccable.

TEIKNEFILMTRIKS

Ein mann går opp-ned gjennom byen. Auge, naseborer, bukseselar. Alt er opp-ned. Det er heilt annleis enn ein mann som går på hendene. I dag har vore eit helvete, seier han, som i dag betyr himmelsk. Hovudet hans er på nivå med tærne våre, og det er vanskeleg å halde i gang ein avslappa samtale. Ryggsmerter, kollisjonar med lyktestolpar, fotografar og TV-predikantar. Dette vil setje byen vår kartet, tenkjer ordføraren. "Kart er bra," seier kona hans.

CARTOON TRICK

A man walks upside down through town. Eyes, nostrils, suspenders. Everything is upside down. It's completely different from a man walking on his hands. Today has been hell, he says, which means today has been heaven. His head is level with our toes, and it's difficult to keep up a decent conversation. Back pains, collisions with lampposts, photographers, TV preachers. This will put our town on the map, the mayor thinks. "Maps are good," his wife says.

BINGO

til minne om James Tate

Harald og eg gjekk på bingo ein kveld. Som var rart, sidan vi verken kjende kvarandre eller hadde avtalt å spele bingo. Vi visste ingenting om den andre og var heile tida i tvil om vi prata med rett person. Dessutan lika ingen av oss bingo. Under samtalen oppdaga vi at båe to hadde vener med same namn som oss, og det må ha vore dei som hadde avtalt å spele bingo. "Kanskje det," sa Harald, "men korleis hamna vi her?" Det var då ein mann kom bort og forsikra oss om at det ikkje var noko problem. "Alt er over no," sa han, "de har gjort det de skulle, resten er opp til dei andre."

BINGO

in memory of James Tate

Harald and I went to play bingo one night. Which was strange, since we didn't know each other and hadn't made any plans to play bingo. In fact, we didn't know anything about each other, so the whole time we were in doubt whether we were talking to the right person. Besides, neither of us liked bingo. While discussing this, we discovered both of us had friends with the same names as ours, and they must've been the ones who'd planned to play bingo. "Maybe so," Harald said, "but how did we end up here?" Then a man came by to assure us there was no problem. "It's all over now," he said. "You did your part, the rest is up to the others."

PÅ HOTELL I RIGA

Seint ein kveld ringjer telefonen, men det er ingen der, ingen i nokon av endane. Som om longe avbrotne samtalar har kome i gang igjen på eiga hand, eller dei som gjekk til feil nummer har funne ut kvar dei gjekk feil og no får dei rette apparata til å ringje. Men ingen svarar, og samtalane blir sogne tilbake inn i trådane, kolliderer, blandar seg i uforståelege diskusjonar, katastrofale misforståingar. Denne gongen er det til meg, men eg overnattar på eit anna hotell, duppar som ein stein i vassenga. Nede i djupet nasar ein gullfisk rundt i draumslammet, og på veggen rammar blinkande neon inn andletslause portrett av pensjonerte statstenestemenn.

IN A HOTEL IN RIGA

Late one night the phone rings, but no one is there, no one on either end. It's as if conversations broken off years ago have suddenly started up again on their own, or those that went to the wrong numbers have finally figured out where they went wrong and now make the right phones ring. But no one answers, and the conversations are sucked back into the lines, colliding, getting mixed up with incoherent discussions, disastrous misunderstandings. This time it's for me, but I'm spending the night at a different hotel, sleeping like a log on a waterbed. Down in the depths, a goldfish noses around in the dream sludge, and on the wall, blinking neon lights up the faceless portraits of retired civil servants.

BARRIKADEN

Barrikaden er to meter høg og tolv meter lang, bygd av vrakgods frå dei gamle lokala til Meteorologisk Institutt. Skrivebord, stolar, syklar, presenningar, girlandrar, papirhattar, peikestokkar, magnetiske skyer, gamle vêrkart. Karta er grå av bruk; øyar langs heile kysten har forsvunne, våtmarker har skrumpa inn til myrhol, fjell er slipa ned til grus. Heile landet ligg nede, ustabilt, mørkt. Ingen stjerner, ingen himmel. Vi brukar kaffekrus med brennande blyantstumpar til lamper. Eit kjærastpar held hender, ei kvinne les ei bøn, tre menn diskuterer ei teikning i sanden. "Eg såg ingenting" ... "Eg såg ein mann gå gjennom søppeldunkane bak kjøpesenteret" ... "Naboen vår har forbod mot å eige metalldetektorar i Tyskland" ... Alle ventar på ulvetimen, dregne hit som jegarar mot varm pels. Ein kald vind raslar gjennom vridne sykkeleiker, trakkar hjula i gang, kvernar opp lukter frå ein villare stad. "Dei kom frå nord" ... "Elefantar kviskrar i hagane" ... "Gud er fjern og langt borte, men blir dregen tilbake av ein snubletråd" ...

THE BARRICADE

The barricade measures two metres high and twelve metres wide and is built out of the debris of the abandoned Meteorological Institute. Desks, chairs, bicycles, tarpaulin, garlands, party hats, pointers, magnetic clouds, old weather maps. The maps are grey, worn from use. Islands all along the coast have disappeared, wetlands have shrivelled into puddles, mountains have been ground to gravel. The whole country is down, unstable, dark. No stars, no sky. We're using coffee mugs with burning pencil stubs for lamps. Two lovers are holding hands, a woman recites a prayer, three men are discussing a drawing in the sand. "I didn't see anything." "I saw someone going through the dumpsters behind the mall." "Our neighbour is banned from owning a metal detector in Germany." Everyone's waiting for the wolf's light, drawn here like hunters to warm fur. A cold wind rustles through twisted bicycle spokes, the wheels grinding around and around, churning up smells of a wilder place. "They came from the north." "Elephants are whispering in the gardens." "God is distant, far away, but is pulled back by a tripwire."

JUNI

Dei står føre presten og blir ikkje lykkelegare eller meir heltemodige enn dei er no. Brura ser ei fluge gå over nasen til den krossfesta Jesus og nys før ho svarar. Ei mor ser på ungen sin og kan ikkje hugse faren. På andre sida av gata balanserer ein mann på ein krakk og vaskar butikkvindauget sitt. Ein motorsykkel krusar forbi. Presten kikar ut. Regn i lufta. Godt fiskevêr, tenkjer han. Han likar å fiske, likar å vere ute heile dagen, sjølv når det blæs og regnet pøsar ned, sjølv når vatnet er tomt, står han der ute og fiskar. Alt er av interesse. Smolt, ein gamal støvel, botnen.

JUNE

They stand before the priest, never happier or more heroic than at this moment. The bride spots a fly crawling across the nose of the crucified Jesus and sneezes before she can answer. A mother stares at her child and can't remember the father. Across the street, a man balances on a stool and washes his store window. A motorcycle cruises by. The priest looks up. There's a light drizzle. Good weather for fishing, he thinks. He likes to fish, likes to stay out all day, even in the wind and pouring rain, even if the lake is empty. Out there, fishing, everything is of interest. Minnows, an old boot, the bottom.

FORLATEN HUNDEFRISØRSALONG

til Angella

Staden var tom. Ingen sakser, ingen kammar eller halvtomme flasker med hårfarge, ingen hundehår på golvet, ingen plakatar av pudlar. Eg brukte det minste rommet til kontor, sov på sofaen i det andre. Det første året drøymde eg om hundar kvar natt. I det femte blei dyrehald forbode og eg slutta å drøyme. Eg bygde eit dokkehus av gamle furuplankar. Inni plasserte eg ein stol og eit bord, hang eit portrett av kong Harald på veggen, sette ein smarttelefon i hjørnet. Eg installerte glas i vindauga, sydde gardiner. Eg hyrde ein låsesmed til å lage ein miniatyrlås til døra. Om kveldane røykjer eg og ser på gamle filmar gjennom vindauget i dokkehuset. Det er som å stoppe utanfor huset til ein nabo og sjå inn. *Eg kjenner desse folka, eg veit korleis det vil gå med dei.* Det verkar ikkje å bry dei at eg ser på, dei berre held fram med å pakke ned eigedelane sine i øskjer og kassar. Eg strekkjer ut handa og stryk ein hårtjafs bak øyret til kvinna. Eg knyter den høgre skoen til mannen. Eg smett eit skjerebrett ned i ei øskje. Det er det minste eg kan gjere.

ABANDONED DOG GROOMING SALON

for Angella

The place was empty. No scissors, no combs or half-empty bottles of dye, no dog hairs on the floor, no posters of poodles. I turned the small room into a study, slept on a couch in the back. The first year I dreamed of dogs every night. By the fifth, pets were no longer allowed, and I stopped dreaming. I built a small dollhouse out of old pine boards. Inside, I placed a chair, a table, hung a portrait of King Harald, put a smart phone in the corner. I installed glass in the windows, sewed curtains. I hired a locksmith to make a miniature lock for the door. At night I smoke and watch old movies through the dollhouse window. It's like stopping by a neighbour's house, looking in. *I know these people, I know what will happen to them*. They don't seem to mind being watched, busy as they are packing their belongings into crates and boxes. I reach out and tuck a tress of the woman's hair behind her ear. I tie the man's right shoe. I slip a carving board into a box. It's the least I can do.

PENSJONERT PRIVATDETEKTIV

Han kan høyre ein lyd djupt inni seg, ei slafsing, som om nokon gneg på eit bein. Han mistenkjer eks-kona, og så naboen. Eit par månader seinare byrjar han å halte. Han trur haltinga er planta der og flyttar til ein annan by, endrar namn. Han kan framleis høyre slafsinga. Han blir eldre. Han blir mindre. Han mistenkjer alle. Folk døyr, testamenterer småting til han. Andre delar av han byrjar å halte. Han mistar håret. Han etterforskar seg sjølv. Kvar morgon vaknar han av duren frå det sølvblanke flyet som stupar ut av sola og droppar frukost i munnen hans utan å søle.

RETIRED PRIVATE DETECTIVE

He could hear this sound deep inside himself, a munching sound, like someone gnawing on a leg bone. He suspects his ex-wife, then his neighbour. A few months later he begins to limp. Maybe the limp was planted there. He moves to another city, changes his name. He can still hear the munching. He grows older. He grows shorter. He suspects everyone. People die and leave him trinkets in their wills. Other parts of him go limp. He loses his hair. He investigates himself. Each morning he wakes to a silvery plane buzzing out of the sun, dropping breakfast in his mouth without spilling.

KARL

I dag ringde politiet igjen. "Vi er leie for det, Karl, men han slapp unna denne gongen òg. Det er best de låser dørene og held dykk inne til de får nærare beskjed." Dette er femte gong politiet ringjer, og det er alltid den same beskjeden til ein som heiter Karl. Og kvar gong vil eg seie at dei har feil nummer, at eg ikkje er Karl, at eg kjenner ingen Karl, men eg endar opp med å halde munn. Det følest så trygt å bli oppdatert på denne måten, å vite at politiet bryr seg og passar på oss. Og så er det Karl. Eg lit ikkje på han. Det er noko unnvikande over mannen. Ingen har høyrd frå han sidan alt dette byrja.

KARL

The police telephoned again today. "We're sorry, Karl, but he got away this time, too. You better lock your doors and stay inside until further notice." This is the fifth time the officer has called, and it's always the same message for a man called Karl. Each time I want to tell him he's got the wrong number, that I'm not Karl, that I don't know any Karl, but I end up holding my tongue. It feels so safe to be updated this way, to know the police care enough to look after you. But then there's Karl. I don't trust him. There's something elusive about the man. Actually, no one has heard from him since all this began.

BARNESKOEN

Ein barnesko spirer mellom to brusteinar i gata. Ein mann meiner det manglar noko—eit barn, ein barnefot. Han kjøper barnegraut, og så fyrstikker til å byggje eit stakittgjerde kring skoen. Tolmodig matar han det tannlause gapet, målar det vesle gjerdet. Han set opp eit stråskilt ved porten med påskrifta: *Livet har solskin og livet har sorg, men heime hjå mor er den tryggaste borg*. Og sakte byrjar noko å vekse i skoen—ei tå, ei til, og endå ei, eit blad tek form, ein ankel. Forbipasserande stoppar og seier: "Det var ein fin ankel. Er det din?" Seinare stig ein legg opp av skoen, eit kne. Då har foten fått nok. Men mannen er fornøgd, riv opp foten og tek den med heim og plantar den i ei potte i bokhylla. I mellomtida står skoen framleis ute i gata og grev mellom brusteinane, grev til solen forsvinn, overlêret, reimene, til sist stikk berre den raude tungespissen opp av grusen.

THE CHILD'S SHOE

A child's shoe sprouts between two cobblestones in the street. A man notices and thinks something is missing—a child or a child's foot. He buys baby food, then some matches to build a picket fence around the shoe. He patiently feeds the toothless hole, paints the tiny fence. By the gate, he puts up a straw sign with the caption *Life brings sunshine, life brings sorrow, but being at home with Mother brings sweet morrow*. And slowly something begins to grow in the shoe—a toe, then another and another. A sole takes shape, an ankle. Passersby stop and say, "That's a handsome ankle. Is it yours?" Later, a leg rises from the shoe, a knee. Then the foot has had enough. But the man is pleased. He pulls the foot out, brings it home, and replants it in a pot on the bookshelf. Meanwhile, back in the street, the shoe is digging between the cobblestones until the sole disappears, the upper vamp, the laces. Finally, only the red tip of a tongue is visible above the gravel.

TVILLINGAR

Jon og Liv kan ikkje få eigne tårer, så dei inviterer ein mann til å vere surrogatmor for tårene sine. Dei har prøvd alt: sorg, smerte, sjølvpåførd glede, men ingen tårer kjem. Når mannen aksepterer, inseminerer dei han med dei mest utsøkte kjenslene sine og avtalar at han skal fø heime. Når tida kjem, leier dei han varsamt inn på soverommet og bind hendene og føtene hans til sengestolpane med gule silkeband. Så stikk Jon ein finger i ribbeina på mannen, og mannen stønnar. Liv stryk han over panna og stønnar med han. Når Jon stikk hardare, skrik mannen, og ei tåre fell frå det eine auget hans. "Sjå!" jublar Liv. Når Jon stikk han igjen, fell ei tåre til. "Tvillingar!" ropar Liv, og går ned på kne og kyssar handa til mannen som har velsigna dei.

TWINS

Jon and Liv can't have tears of their own, so they invite a man to be the surrogate mother of their tears. They've tried everything: grief, pain, self-inflicted joy, but no tears come. When the man agrees, they inseminate him with their most exquisite emotions and arrange for him to give birth at home. When the time comes, they lead him gently into the bedroom and tie his hands and feet to the bedposts with yellow silk ribbons. Then Jon pokes the man in the ribs, and the man moans. Liv strokes his forehead and moans right along with him. When Jon pokes him harder, the man screams, and a tear falls from one of his eyes. "Look!" Liv rejoices. When Jon pokes him again, another tear falls. "Twins!" Liv yells, and kneels down to kiss the hand that feeds them.

ANNA

Etter å ha fødd to fine søner, legg Anna eit egg. Fødselslegen rår ho til å ruge ut egget på sjukehuset, men veninnene hennar seier at ingen rugar på sjukehuset lenger, ho bør ruge heime på gamlemåten. Mora seier at ho ikkje er hønete nok enno. Faren seier at han skal halshogge den jævla hanen. Men Anna står på sitt. Ho vil grave ned egget på ei tropisk øy. Akkurat som havskjelpadda. Havskjelpadda som kan symje fleire hundre mil gjennom djupet og navigere rett tilbake til stranda der ho blei fødd: lyden av krasande bølgjer og skrikande fuglar, utsvoltne øgler som nasar i sanden etter mat... og så det ville floget ned til havet.

ANNA

After giving birth to two fine sons, Anna laid an egg. Her obstetrician advised her to hatch the egg in the hospital, but her girlfriends said no one hatched in hospitals anymore; she should hatch at home in the old-fashioned way. Her mother said she wasn't hennish enough yet. Her father said he would decapitate the bloody rooster. But Anna stood her ground. She wanted to bury the egg on a tropical island. The way sea turtles do, the ones that swim thousands of miles through the deep and navigate back to the beach where they were born: the sound of waves crashing, and birds crying, starved lizards scavenging the sand for food... then the wild flight down to the surf.

DEN VESLE RAKKAREN

Eg er sikker på at det er muleg å akkumulere litt visdom i dette livet. Det er eit par tabbar eg aldri vil gjere om igjen, til dømes. Men når det kjem til stykket er visdom til liten praktisk nytte, og tilleggsvekta vil uunngåeleg føre til ryggsmerter, hovudpine, balanseproblem—ein tilstand dumpa i fanget ditt som ein unge du ikkje visste du hadde. "Ta han du," seier mora og forsvinn i ei sky av røyk. Det er ingen vakker unge. Så innser du at viss du er ein god far vil ungen vekse opp og gå på skule, skaffe seg jobb, familie, skuld. I mellomtida er den vesle rakkaren tilfreds med å utstyre reiret sitt med ting du har mista: sjelefred, nattesvevn, tustar av snøgt grånande hår.

THE LITTLE TYKE

I'm sure it's possible to accumulate some wisdom in this life. There are a couple of mistakes, for example, I'll never repeat. But basically wisdom serves no practical purpose, and the added weight only leads to back pains, headaches, balance problems—a condition dumped in your lap like a baby you didn't know you had. "You raise it," the mother says, and vanishes in a puff of smoke. It's not a pretty baby. But then you realize, if you're a good father the kid will grow up and go to school, start its own family, get a job, go into debt. Meanwhile, the little tyke is content lining its nest with things you've lost: peace of mind, a good night's sleep, tufts of swiftly greying hair.

II.

PLAKATDIKT

Det er ein av desse glansa plakatane med eit motiv frå Rocky Mountains som ungdomar likar å hengje opp på romma sine. Ein grøn innsjø, lier i skarpe haustfargar, høge fjell med snø på toppane. I hitenden av innsjøen ligg ei tømmerhytte. To menn kjem ut på trammen, strekkjer seg og geispar i den kalde morgonlufta. “Eg kunne venje meg til dette,” seier Harald, “fiske i innsjøen, gå tur i fjellet.” “Eg er ikkje sikker,” kviskrar Frank, “men eg trur nokon held auge med oss.”

POSTER POEM

It's one of those glossy posters with a motif of the Rocky Mountains that kids like to hang in their rooms. A green lake, hillsides in clear autumn colours, high snow-capped mountains. At the near end of the lake, there's a log cabin. Two men appear on the front steps, stretching and yawning in the cold morning air. "I could get used to this," Harald says, "fishing in the lake, hiking in the mountains." "I'm not sure," Frank whispers, "but I think we're being watched."

300 M

Tørr kolbe. Kaldt metall. Kjensla av kontroll når pulsen ikkje går i børsa. Målet låst i diopteret. Eg held pusten, skvisar avtrekkaren. *Bang*. Ekko rullar mellom åsane, krutrøyk krøllar seg i lufta som kjønnshår. *Bang*. *Bang*. For kvart treff slår sjølvanvisaren ut med ein rustraud arm. Ein nesten menneskeleg skapnad, ein mann som trur fullt og fast på det tredje riket. Kvifor skrik han ikkje? Kvifor blir han ikkje liggjande?

300 M

Dry stock. Cold metal. A feeling of control when my pulse doesn't enter the rifle. The target locked in the dioptre. I hold my breath, squeeze the trigger. *Bang*. The echo cascades over the hills, gun smoke curls in the air like hair. *Bang*. *Bang*. With each hit, the indicator lifts its rusty arm. It looks almost human, a man pledging allegiance to the Third Reich. Why doesn't he scream? Why doesn't he stay down?

CAMPINGPLASSEN

Å svinge til høgre i staden for venstre. Det er lett. Eit lite mistak, eit sekunds aktløyse, og du endar opp ein heilt annan stad enn du hadde tenkt deg. Inne på campingplassen veit eg ikkje lenger kvar eg er. Alt er likt. Pølser og kotelettar. Karar og kvinnfolk. "Vi er ein einaste stor familie!" Og dei er venlege, peiker i alle retningar. Badminton i staden for krig. Graset hostar opp fjørballar gjennom heile september.

Seint på natt. Alle søv i telta sine. Fiskarar og bønder under det stramme regimet til lerretsduken. Alle kunstar er forbode. Forbodslista er lengre enn sommaren her.

THE CAMPGROUNDS

Turning right instead of left. It's easy. A small mistake, a rash moment, and you end up someplace completely different than you could ever imagine. Here at the campgrounds I no longer know where I am. Everything looks the same. Sausages and pork chops. Men and women. "We're all one big family!" And they're friendly, pointing in every direction. Badminton instead of war. The grass keeps coughing up shuttlecocks all through September.

Late at night. Everyone asleep in their tents. Fishermen and farmers under the strict regime of the canvas. All magic is forbidden. The list of Don'ts goes on longer than the summer here.

MIGRASJON

Brått bryt hundrevis av fuglar ut av eit hol i himmelen. Det er ein luftballett for trekkfuglar. Dei må ha øvd i månadsvis. Alle veit kva dei skal gjere. Inga forvirring, ingen ulykker. Det er perfekt, heilt annleis enn livet mitt. Vel, ikkje heilt. Fuglane har mange vanskar på vegen sørover. Kollisjonar, feilnavigeringar. Somme sovnar på vengene. Dei har inga reiseforsikring, ingen konsulat å vende seg til. Dei må klare seg med det dei har. Eit par venger, ein inderleg forakt for vinteren. Det er ikkje mykje, og dei bed om meir. God vind, Gud på si side. For mykje.

MIGRATION

Suddenly hundreds of birds break out of a hole in the sky. It's an air ballet for migrating birds. They must've been rehearsing for months. Each one knows what to do. No confusion, no accidents. It's perfect, completely different from my life. Well, not quite. The birds have many problems on their flight south. Collisions, navigational errors. Some fall asleep in mid-air. They have no travel insurance, no consulates to turn to. They must make do with what they have. A pair of wings, a deep contempt for winter. It's not much, and they pray for more. Good wind. God on their side. Too much.

ENDELAUS VIDDE, SKYER

"Ser du ikkje?" seier ho, "livet vårt har gått sund." Og peiker på mingvasen i tusen bitar på golvet—blå og kvite vidder, fjerne vatn og flekkar med snø. Over tregrensa vibrerer solbarduner gjennom hol i skyene og held jorda stø. Vindflager rislar i lyngen og støkkjer ei rype framom føtene mine. "For eit rot," seier ho og går for å hente støvsugaren.

ENDLESS PLAINS, CLOUDS

"Don't you see?" she says. "Our life is broken." And points to the Ming vase lying in pieces on the floor—high, blue-and-white plains, distant lakes, patches of snow. Above timberline, lit wires vibrate through holes in the clouds, keeping the earth steady. A gust of wind ripples the heather and flushes a grouse at my feet. "What a mess," she says, and goes to fetch the vacuum.

KARTET

Endeleg har eg gjort alvor av den lenge påtenkte byturen. Eg har gått tom for det meste: proteinar, jarn, karbohydratar, forventingar. Eg vil kjøpe det gamle kartet eg har sett på så lenge; eit detaljkart over favorittstaden min ved elva, ein rutete duk dekt med brød og vin. I vasskanten sit jenta eg elskar. Ho snur seg og seier: "Eg skulle ønskje at dette kunne vare for alltid." Men kartet er ei forfalsking, ingenting stemmer. Ikkje eit landemerke er der det skal vere, alle himmelretningane er feil. Ikkje eingong personane er rette, kledde for eit anna liv, langt borte frå elva.

THE MAP

Finally, I've decided to make the long-awaited trip to town. I'm out of most things: proteins, iron, carbohydrates, expectations. I'm going to buy that old map I've been looking at. It's a detailed map of my favourite place by the river, a checkered cloth heaped with food and drinks. The girl I love lounges at the water's edge. She turns and says, "I wish this could last forever." But the map is a forgery, nothing is right. Not a single landmark is where it should be. And the compass points are all wrong. Not even the people are right, dressed as they are for a different life, miles from the river.

SLUKMAKAREN FRÅ POSIO

"Likar du å fiske?" spør eg Urho Sariainen, den vidgjetne åtti år gamle slukmakaren frå Posio som har heidra byen vår med eit besøk denne sommaren. Sariainen, ein føregangsmann i sitt felt, byrja å jobbe med traumatiserte slukar tidleg på 70-talet—slukar med rusta krokar i munnane, avrivne finnar, oppflerra gjeller, auge som speglar framskriden paranoia og depresjon, andlet frosne i frykt berre eit møte med døden kan skape. "Fisking er ingen piknik," seier den gamle meisteren, og klør ein einøygd Rapala på magen.

THE LURE-MAKER FROM POSIO

"Do you like fishing?" I ask Urho Sariainen, the fabled eighty-year-old lure-maker from Posio who has honoured our town this summer with a visit. A pioneer in his field, he began working with traumatized lures in the early seventies—lures with rusty hooks in their mouths, fins all torn off, gills slashed, eyes reflecting advanced paranoia and depression, faces frozen in fear that only encounters with death can cause. "Fishing's no picnic," the old master says, scratching a one-eyed Rapala on its belly.

EIN NY DAG

Lærarinna kan høyre motet falle gjennom elevane. Ein nesten uhøyrleg lyd, lyden av ein fjellklatrar som fell frå ein fjern topp. Ho orkar ikkje å spørje ein gong til. Ho er trøytt av spørsmål og svar, trøytt av talentlause improvisasjonar. Det er som å høyre eit danseband spele Creedence Clearwater Revival. Ikkje eit glimt av forståing. Ho slår oppgjeven ut med armane. Utanfor vindauget ser ho ordføraren. Håret hans er bustete, det eine jakkeermet rive av. I eit kort sekund møter han auga hennar. Så blæs han vidare, rullar som ein ball ut på den tomme leikeplassen.

A NEW DAY

The teacher can hear spirits falling through her students. It's almost inaudible, the sound of a climber falling from a distant peak. She doesn't want to repeat the question. She's tired of questions and answers, tired of talentless improvisations. It's like listening to a dance band playing Creedence Clearwater Revival. Not a glimpse of understanding. She opens her arms in despair. Outside the window she can see the mayor, his hair tousled, one sleeve of his jacket torn off. For a second their eyes meet. Then he blows on, rolling like a ball into the empty playground.

NORDVESTLANDET

Vêret på desse kantar er ganske bra, men det varar ikkje lenge. Det regnar sjeldan nok til å fløyme over åkrane, berre nok til at avlingane blir dårlege. Det er som å leve med ein ven som drikk litt for mykje. Vi har ikkje hatt ein orkan på mange år, men det blæs nok til å skiple ein frisyre, til at du kler deg for varmt, og så blir du sjuk. Men sjukdom er ikkje til å lite på. Akkurat når du trur det verste er over, blir du verre. Lækjaren din pratar om stress, det umenneskelege tempoet i vår tid. "Kjapp-kjapp," seier han. "Nei-nei," seier du. "Det er vinden." Han høyrer ikkje. Han er ikkje frå desse kantar. Du betalar og går. Ute regnar det, og du veit at skorne dine ikkje er vasstette, at genseren din er for varm og jakka di for tynn, at dette livet ikkje sparar nokon, og det er ingen veg utanom.

THE NORTHWEST

Weather patterns in these parts are pretty good, but they don't last all that long. There's never enough rain to flood the fields, just enough to make the crops poor. It's like living with a friend who drinks a bit too much. We haven't had a hurricane in years, but it's windy enough to ruin a hairdo, for you to overdress, and then you come down with a cold. But sickness isn't reliable. Just when you think you're getting better, you get worse. Your doctor talks about stress, the inhuman speed of our times. "Chop-chop," he says. "No-no," you say, "it's the wind." But he's not listening. He's not from around here. You pay the bill and leave. Outside it's raining, and you know your shoes are not waterproof, your sweater is too warm, your jacket too thin, that this life spares no one, and there's no getting out.

LANDSKAP MED TRADISJONELLE SVEVNGJENGARAR

Ein tradisjonell svevngjengar i blå pysjamas kjem ned troppa med utstrekte armar, mumlar usamanhengande, opnar ytterdøra, og går ut i natta mot klippene og sjøen som bryt tungt nedanfor. Vi misser ikkje ei rørsle: retningsendringa ved stallen, det elegante steget over steinmuren, balanseringa på klippekanten. Det er klassisk. Og eg tel over tjue sovande sauer i graset på vegen dit. Så mykje svevn. Vi veit ikkje kven mannen på klippene er, men det er berre to mulege utgangar på dette. Han snur og går tilbake til huset, eller han vaknar og dett i sjøen.

“Sjå, der er det ein til!” seier du. “Kvar?” “Der borte i skogkanten, ser du ikkje?”

LANDSCAPE WITH TRADITIONAL SLEEPWALKERS

A traditional sleepwalker in blue pyjamas comes down the stairs with outstretched arms, mumbles incoherently, opens the front door, and walks into the night toward the cliffs and the sea rolling heavily below. We don't miss a move: the changes in direction by the stables, the elegant step over the stone wall, the balancing on the brink of the cliff. It's classical. And I count more than twenty sheep asleep in the pasture on my way over there. So much sleep. We have no idea who the man on the cliff is, but there are only two ways this can end. He will turn and walk back to the house, or he will wake and tumble into the sea.

"Look, there's another one!" you say. "Where?" "Over there, at the edge of the forest, don't you see?"

REMEDIE

Då eg var liten var djevelutdriving vanleg, eit remedie på linje med isbad. Djevlane, akkurat som folk, var mindre den gongen. Dei åt for lite frukt og grønsaker, mangla viktige vitamin og jarn, blei tynne og bleike, gav seg lett over til depressiv grubling. Når dei tok bustad i deg, var det vanlegvis fordi dei var på flukt frå ein annan, og ikkje oppdaga kvar dei var før det var for seint. Det var meir eit spørsmål om å syne dei vegen enn å drive dei ut. "Ta til høgre ved frisørsalongen, gå rett fram til du kjem til det nedlagte skulehuset, så tek du til venstre. Derifrå er det strake vegen ut." "Tusen takk, eg ana ikkje kor eg var." "Inga årsak. Lykke til." "Du òg, og takk endå ein gong."

REMEDY

When I was young, exorcisms were quite common, a remedy not unlike ice baths. Plus, devils were shorter in those days, just as people were. They hadn't eaten enough fruits or vegetables and lacked essential vitamins and iron, grew up thin and pale, and fell easily into brooding depressions. When they possessed you, it was usually because they were fleeing from someone else and didn't realize where they were until it was too late. It was more a question of giving directions than driving them out. "Turn right at the hairdresser's, go straight until you get to the abandoned schoolhouse, then turn left. You should see the exit from there." "Thank you. I was completely lost." "You're welcome. Good luck." "You, too, and thanks again."

EVALUERING OM HAUSTEN

Vi sit i parken og vi er ikkje lykkelege. Kald vind, ingen pengar og Gud veit kva anna som heng i ein tynn tråd over hovuda våre. Prognosane for vinteren er dystre. Vi bad om for mykje: gull og grøne skogar i staden for brød og mjølk, det beste geværet. Livet er ganske enkelt, eit spørsmål om treff eller bom. Måneskin silar ut av eit hol i skyene. Vi går i sirklar som karusellhestane på tivoli, og i bingohallen står bestemor ved speleautomatane og prøver å vinne over vonløysa si.

APPRAISAL IN AUTUMN

We sit in the park, and we're not happy. Cold wind, no money, and God only knows what else is hanging by a thread over our heads. The prognosis for winter is gloomy. We asked for too much: the moon and stars instead of bread and milk, the best gun. Life is quite simple, a question of hit or miss. Moonlight seeps through a hole in the clouds. We go in circles like carousel horses at the amusement park. Back in the casino, Grandmother is working the slots, trying to beat her despair.

HUSORGELET

Ingen veit sikkert korleis det kom i hus, kva som førde beistet inn i stova. Det hadde ein rytmeboks, to tangentrader, og stod urørd i eit hjørne, ei konstant kjelde til dårleg samvit og støv. Det var som å overvintre med ein bjørn. Vi stiltra oss langs motsett vegg, krangla aldri. Disposisjonen vår for lykke forfall som ei rekning ingen purrar. Eg spelte på det berre ein gong, ein nølande versjon av "Våren" av Grieg. Lyden av tinande is og gåsungar som spratt over snøen fylte stilla mellom akkordane som pust i ei tom kyrkje.

THE ORGAN

No one knows for sure how it got here, who brought the beast into the living room. It had a rhythm box, two tiers of keys, and just sat there untouched in the corner, a constant source of dust and guilt. It was like wintering with a bear. We tiptoed along the opposite wall, never fought. Our desire for happiness came due like a bill no one warned us about. As for me, I played it only once, a halting rendition of "The Last Spring" by Grieg. The sounds of thawing ice and of catkins sprouting through the snow filled the silence between the chords like breath in an empty church.

KRYPEROMMET

Etter toga og hornmusikken, etter at slottsplassen tømmest for folk og dronninga og ungane har gått inn, står kongen framleis på balkongen og vinkar, vinkar og smiler. Han kan ikkje stoppe. Ei grense er kryssa. Han høyrer lydar innanfrå slottet: nokon spyler ned på toalettet, ein kaffetraktar gurglar, "Gud, desse skorne tek livet av meg." Han lurar på om livet hans vil endre seg no. Han ser på hendene sine. Dei vinkar framleis. Han skulle ønskje at han hadde grovare hender. Auga hans vassflyg, og han knip dei saman til dei blir til gliper mellom plankane i eit hyttegolv. Han legg seg på magen for å sjå om nokon løyner seg der nede, nokon som ligg på ryggen med auga mot glipene og prøver å sjå om nokon løyner seg der oppe.

THE CRAWL SPACE

After the parades, the brass bands, after the palace square empties of people, and the queen and the kids have all gone inside, the king is still standing on the balcony, waving, smiling, waving. He can't stop. A line has been crossed. He can hear sounds from inside the palace: someone flushing a toilet, the gurgling of a coffee machine. "God, these shoes are killing me." He wonders if his life will change now. He looks at his hands. They're still waving. He wishes he had rougher hands. His eyes water, and he squints until they become two narrow cracks between the boards of a cabin floor. He gets down on his belly to see if someone is hiding in the crawl space, someone lying on his back, peering through the cracks, trying to see who's hiding up there.

NOVEMBER

Det skjer så snøgt. Ein kveld ligg du i senga og stirer ut vindauget på månen, mørkret, ingenting—og brått sprekk eit blodkar i hjernen, ein bil køyrer av vegen. Det er ikkje du, men nokon nær deg. Du er lamslegen av det uformelle ved det heile. Somtid kollapsar dei viktige tinga så fort, så uboteleg, at dei blir svidde inn i minnet. Men ting bleiknar med tida, og du gløymer. Av ein eller annan grunn var dei ikkje så viktige som du trudde. Du har andre ting å engste deg over no. Høgt blodtrykk, for lite tid, kona som køyrer opp frå Oslo på isglatte vegar. Du veit at det vil bli ei lang og mørk natt. Du vil ikkje ta auga av vegen eit sekund.

NOVEMBER

It happens so fast. One night you're lying in bed staring out the window at the moon, the dark, at nothing—and suddenly a blood vessel bursts in the brain, a car swerves off the road. It's not you, but someone close to you. You're stunned by the informality of it all. Sometimes the important things collapse so fast, so irreparably, they get seared into your memory. But soon things fade and you forget. For one reason or another, they're not as important as you thought. You have other worries now. High blood pressure, too little time, your wife driving up from Oslo on slippery asphalt. You know you're in for a long, dark night. You won't take your eyes off the road for a second.

PINSETT OG DROPETELJAR

På sjøen må ein vere merksam på alt som flyt på yta. Stokkar, garn, triatlonsymjarar. Sjølv i blikstille er det ein jungel der ute. Tang kan vikle seg rundt propellen og båten går ned. Viss du er der når det skjer, må du halde hovudet klart. God diksjon, stødig manøvrering. Plukkar du opp for mange skipbrotne, blir båten liggjande for djupt i vatnet. Plukkar du opp for få får du eit balanseproblem, og dei vil rulle att og fram i lasterommet som oljefat. Lett og vanskeleg må vege like mykje. Alle gram tel.

TWEEZERS AND EYEDROPPERS

At sea you must be aware of everything that floats on the surface. Logs, nets, triathlon swimmers. Even on calm days it's a jungle out there. Kelp can tangle in the prop and the boat goes down. If you're there when it happens, you have to keep a clear head. Good diction, steady manoeuvring. If you pick up too many of the shipwrecked, you'll ride too deep. If you pick up too few, you'll have balance problems. They'll roll around in the hold like oil drums. Easy and difficult must weigh the same. Every ounce counts.

FISKAREN

Ulikt andre poetar har eg berre oppdikta lesarar. Det er ei sær og uregjerleg gruppe, alt dei kan einast om er kvaliteten på dikta mine. Dei arrangerer opplesingar og årlege kongressar, hyller mine "einestående evner til å lyfte nederlag til eit nytt nivå." Eg er òg oppdikta, ein høg og mørk mann med ei røyst som får kvinner til å dåne, eit produkt av fantasien til ein arbeidslaus fiskar ute på piren som tel måsar til neste trygdeutbetaling kjem inn.

THE FISHERMAN

Unlike other poets, I have only imaginary readers. They're a strange, unruly lot. All they can agree on is the quality of my poems. They arrange readings and annual conventions, praising my "extraordinary ability to raise failure to a new level." I'm imaginary, too, a tall, dark man with a voice that can make women faint, the invention of an unemployed fisherman on a pier, counting gulls until the next social security check comes in.

PROSADIKTET

Eg likar å tenkje på prosadiktet som ein eventyrar når han set segl mot ope hav, fortapt i legendene om El Dorado og Soria Moria, draumen om ei ny verd der alt er muleg, alt kan skje. Men det er vanskeleg å vite om desse stadene finst; dei er ikkje merkte av på kart, kan ikkje finnast ved å navigere etter stjernene. Etter få månader er sjøfolka forkomne av skjørbuk og heimlengt, ei sugande kjensle av at dei har kasta bort liva sine. Meir truleg då at prosadiktet er ein kasse vodka gøymd i maskinrommet på *Titanic*, bruka til kortbord av maskinistane etter ei lang og hard vakt, alle svoltne på handling, på at noko uventa skal skje—brå rikdom, litt spaning i det minste, ein drink medan dei reknar ut kor mykje dei har tapt.

THE PROSE POEM

I like to think of the prose poem as an explorer setting sail for the open sea, lost in the legends of El Dorado or Soria Moria, the dream of a new world where everything is possible, anything can happen. But it's hard to tell if such places really exist; they're not on any maps, can't be found by celestial navigation. After a few months, the sailors are all homesick and stricken with scurvy, a sinking feeling that they have wasted their lives. It's more likely then that the prose poem is a case of vodka hidden away in the engine room of the *Titanic*, used as a card table by the machinists after a long, hard watch, all of them hungry for action, for something unexpected to happen—sudden riches, some excitement at least, a drink while counting their losses.

DESEMBER

Josef er deprimert og låser seg inn i snikkarbua. I årevis har han spikka på eit landskap i sandeltre—ei samtidsscene med folk og dyr og infrastruktur. Hundrevis av miniatyrfigurar, omhyggeleg pussa og måla. Han er ferdig med sauene og gjetarane, ferdig med himmelen og stjernene. Alt som står att er å sy små kjortlar til dei vise menn. *Desember*. Den hjartelause månaden. Han står i utkanten av ørkenen, ein tomleik så endelaus at ein mann kan forsvinne for alltid—ein liten figur, bortkomen mellom klippene og sanddynene, som følgjer ein karavane med langbeinte kamelar gjennom nålauget.

DECEMBER

Josef is depressed and locks himself in the woodshed. For years he's been whittling a landscape out of sandalwood—a contemporary scene with people, animals, infrastructure. Hundreds of miniature figures carefully crafted and painted. He's finished the sheep and shepherds, finished the stars and sky. All that's left now is to sew the little robes for the wise men. *December*. The cruellest month. He's finally reached the edge of the desert, an emptiness so vast a man could disappear forever—a tiny figure lost among the cliffs and sand dunes, following a line of long-legged camels through the needle's eye.

EIT DÅRLEG ÅR

Eg har aldri råd til årgangsvin, men eg likar historiene vinen fortel om barneåra i Loire-dalen, den kjærlege Rothschild-familien, alderdomen i ein respektabel heim i Côte D'Azur. "Det var ein perfekt sommar det året." "Å ja. Det var eit godt år." Likevel finn eg trøyst i den billege vinen. Tung og litt misfarga, utan potensiale, samanpressa mellom dei bugnande hyllene på vinmonopolet, medan eg ventar på min tur til å betale.

A BAD YEAR

I can never afford vintage wines, but I like the stories they tell: the childhood along the Loire, the loving Rothschilds, growing old in a respectable home in Côte d'Azur. "Summer was perfect that year." "Oh yes, it was a good year." Still, I find comfort in cheaper wines. Heavy and slightly discoloured, lacking potential, squeezed between the bulging racks at the liquor store, waiting my turn to pay.

KONG KARLS HOVUD

Tankane mine kjem frå *David Copperfield*. Herr Dicks problem med kong Karls hovud, frykta for vanvit og død som hoppar frå eit hovud til eit anna, sjølv etter halshogging. Noko som ikkje lenger kan seiast høgt. London, 30. januar 1649: kong Karl I blir ført til skafottet og mistar hovudet, men tankane hans smett forbi bøddelen.

Trondheim. Kongane pustar tungt i kryptene under den ruvande katedralen. Ingenting lyftest. Galgelukta held kleda våre saman som tråd.

KING CHARLES'S HEAD

My thoughts come from *David Copperfield.* Mister Dick's problem with King Charles's head, his fears of insanity and death leaping from one head to another, even after decapitation. Fears that no longer can be said out loud. London, January 30, 1649: King Charles I is led to the scaffold and loses his head, but his thoughts slip by the executioner.

Trondheim. The kings breathe heavily in the crypts below the looming cathedral. No lift. The smell of the gallows holds our clothes together like thread.

III.

MIDNATT, 1. JANUAR

Parfymerte bilar driv gjennom byen, leiver luktmarkeringar ved kvar dam av lys. Sjåførane sit inntulla som nyfødde i kuvøser med store, bankande limousinhjarte. Ei engsteleg mor står opp og ser ut vindauget på den kvervlande snøen. Bakom sjukehuset jagar ein rev halen sin over parkeringsplassen, fanga i skuggen så mykje større enn seg sjølv.

MIDNIGHT, JANUARY 1

Perfumed cars drift through town, marking territory at every pool of light. The drivers are all bundled up like babies in incubators, their huge limousine-hearts beating hard. A worried mother gets up and looks out the window at the snow swirling down. Behind the hospital, a fox chases its tail across the parking lot, caught by a shadow so much bigger than itself.

BLIKK

I dag øver eg på dyreblikk. Eg vinglar att og fram mellom *jaktande løve* og *angrande hund* før eg landar på *sau i regn*. I motsetning til den offentlege meininga, tykkjer eg blikket er lett. Ei fjør som dansar i vinden. Ein måte å sjå livet på. Det vanskelege er å tenkje seg eit anna liv enn dette. Eit liv utan sildrande regn og våt ull. Tørre dagar. Den humpete køyreturen til slakteriet.

STARES

Today I'm practising animal stares. I bounce back and forth from *hunting lion* to *regretful dog* before I settle on *sheep in the rain*. Contrary to public opinion, the stare is easy. A feather dancing in the wind. A way of looking at life. The hard part is imagining a life other than this one. A life without trickling rain and wet wool. Dry days. The bumpy ride to the slaughterhouse.

POSTKORT MED ELEFANTAR

Grunnen til at elefantar blir så gamle, er at dei pustar langsamt, og utforskar kvart andedrag nøye. Med kapasiteten dei har for å lagre minne over deprimerande lang tid, kan dei analysere all informasjon dei har samla inn. Det er eit vitskapeleg prosjekt. Grunnteorien elefantane arbeider etter, er at alle levande skapningar har eit fastsett tal andedrag å leve på. Når flokken passerer kadaveret til ein ung elefant, granskar dei leivningane lenge og systematisk, men kjem alltid til det same: snøggpusting. Det er ein farsott. Elefantar har ikkje respekt for idrettsfolk. Alt for mykje pusting og pesing. Dei ville ha sagt ifrå til nokon, men dei har nok med sine eigne problem. Paringstida krev enorme mengder av pust. Så mykje slåssing og blæsing i trompetar. Dei går lange fotturar og prøver å tenkje ut meir rasjonelle pusteteknikkar, men det gjer dei berre meir oppøste, og dei pustar snøggare enn nokon gong. Det er eit frykteleg dilemma, og dei er ikkje i nærleiken av å løyse det. Dei sukkar tungt og traskar vidare, lenger og lenger ut på den tørre savannen, fortapt i tankar.

POSTCARD WITH ELEPHANTS

The reason elephants live to be so old is because they breathe slowly and explore each breath thoroughly. Given their ability to store memories for a depressingly long time, they have no problem analyzing the information they gather. It's a scientific project. The elephants' basic theory is that all living creatures have an allotted number of breaths to live on. When a herd passes the corpse of a young elephant, they examine it long and systematically, and always arrive at the same conclusion: fast breathing. It's a plague. Elephants have no respect for athletes. Way too much puffing and panting. They'd mention it to someone, but they have their own problems. The mating season always demands enormous amounts of breath. All that fighting and trumpeting. So they take long walks and try to think up more rational breathing techniques, but this only excites them more, and they end up breathing faster than ever. It's a terrible dilemma, and they're not even close to solving it. They sigh heavily and lumber on, farther and farther into the dry savannah, deep in thought.

KONGFJELLA

til minne om Louis Jenkins

Det må finnast ei fjellkjede nær Tembakounda i Guinea som strekkjer seg austover til dei sentralafrikanske Månefjella, tenkte James Rennell. Kjelda til Den Kvite Nil. Så på eit kart han teikna for *Travels in the Interior Districts of Africa* av Mungo Park (1799), introduserte han ei kjede som delte kontinentet i to, og kalla ho Kongfjella. Rennell, oseanografiens far, var høgt akta i si eiga tid, og den første til å lage eit detaljert kart over India. I det neste hundreåret dukka Kongfjella opp på over førti offisielle kart, og endå lokale stammefolk sa at dei ikkje fanst, og den franske oppdagaren Louis Gustave Binger stadfesta dette etter ekspedisjonen sin i 1887-89, blei kartet til Rennell verande den mest pålitelege kjelda til informasjon for europeiske oppdagingsreisande. "Vi prøvde å krysse dei mektige Kongfjella," skreiv ein av dei i eit brev heim, "men dei var uframkomelege." Ein annan skreiv: "Aldri meir vil eg få skode ein herlegdom som dei kneisande Kongfjella over leirbålet vårt om kvelden."

MOUNTAINS OF KONG

in memory of Louis Jenkins

There has to be a mountain range near Tembakounda in Guinea that stretches east to the Central African Mountains of the Moon, James Rennell thought. The source of the White Nile. So he introduced it on a map he sketched for *Travels in the Interior Districts of Africa* by Mungo Park (1799), dividing the continent in two, and named it the Mountains of Kong. Rennell, the Father of Oceanography, was highly revered at the time, the first to draft a detailed map of India. Over the next century, the Mountains of Kong appeared on more than forty official maps, and although local tribesmen claimed there were no such mountains, and the French explorer Louis Gustave Binger confirmed that fact on his 1887–89 expedition, Rennell's map remained the most valuable source of information for European explorers. "We attempted to cross the mighty Mountains of Kong," one wrote in a letter home, "but they were impassable." Another wrote, "Never again will I behold such splendour as the Mountains of Kong looming over our campfire at night."

TORSKEN

På trass av kva marinbiologane seier, er ikkje torsken særleg glupsk eller hardfør. Han et ikkje alt som kjem i sin veg, likar ikkje aude farvatn betre enn andre fiskar. I tusenvis av år har han patruljert saumen mellom kalde og varme havstraumar, og i nyare tid, vist europearane sjøvegen til Amerika. Problemet er at torsken hugsar ingenting. Han kan symje til Labrador eller Lofoten tjue år på rad utan å kjenne seg igjen. På ein god dag varar minnet hans i tre sekund. Sei meg, er det der ei sild eller ein sluk? Når han tek feil kjempar han ikkje imot, prøver ikkje å vri seg av kroken. Han har fått nok og kastar inn handkledet. Livet er ikkje rettvist. Eller er det? Han kan verkeleg ikkje hugse.

THE CODFISH

Despite what marine biologists say, the codfish is not all that ravenous or tough. It doesn't devour everything that comes in its path, and it doesn't like desolate waters any more than the next fish. For thousands of years it's patrolled the seams between warm and cold ocean currents and rather recently showed the Europeans the way to America. The trouble is, the codfish can't remember a thing. It might swim to Labrador or Lofoten for twenty years straight and not recall any of it. On good days its memory lasts maybe three seconds. Say, is that a herring or a lure? When mistaken, it won't put up a fight. It won't even try to slip off the hook. It's had enough and throws in the towel. Life's just not fair. Or is it? The codfish really can't remember.

BANAN

Heile vegen over havet ligg bananen i lasterommet og slappar av, grøn og optimistisk. Neste gong du ser han er han gamal og gul, ligg på magen i fruktavdelinga med ein prislapp på hovudet. Supermarknaden er pynta til fest: eit tropisk tema med ein landsby av stråhytter og døsande gamle menn under små plastpalmer. Eit glimt av paradis for lokalbefolkninga som glid mellom reolane med handlevognene sine, seglbåtar som kryssar att og fram over den blå laguna.

BANANA

All the way across the ocean the banana lounges in the hold, green and optimistic about the future. The next time you see him he's old and yellow, lying on his belly in the fruit section with a price on his head. The supermarket's all decorated up like a festival: a tropical theme with a village of thatched huts and old men dozing under little plastic palms. A flash of paradise for the locals pushing shopping carts down the aisles, sailboats tacking back and forth across the blue lagoon.

MANETAR

Det er formidable stader i havet, men manetar bryr seg ikkje. Dei driv som skrømt gjennom vatnet, pumpar seg frå ingenting til ingenting, eller duppar i vasskorpa og observerer livet. Viss ein manet skreiv ei bok, ville han skrive om vatn. Vatn i nasen og vatn i øyra. Vasstemperatur og havstraumar. Solbardunane som held hava festa til kloden.

JELLYFISH

There are formidable places in the ocean, but the jellyfish don't care. They drift like ghosts through the water, pumping themselves from nothing to nothing, or bob on the surface observing life. If a jellyfish were to write a book, it would be all about water. Water in the nose, water in the ears. Water temperatures and sea currents. The wires of sunlight that keep the oceans attached to the planet.

ANDPUSTEN

Eg er alltid litt for seint ute til det som skjer i livet mitt. Det er derfor eg aldri har landa ein anstendig jobb, aldri har ete meg skikkeleg mett. Eg er ikkje der når dei viktige avgjerdene blir tekne, men eg kjem springande når alt er over, andpusten og småsvolten, akkurat i tide til å sjå bussen køyre ut av stasjonen. Viss eg hadde ein bil ville eg følgd etter bussen ut av byen for å sjekke at du ikkje stod av, at eg ikkje venta på deg der, haldeplass etter haldeplass, utan noko å by deg, utan noko å seie.

OUT OF BREATH

I'm always a little late for the goings-on in my life. This is why I've never landed a decent job, never had a full meal. I'm just not around when the big decisions are made. I arrive out of breath, a trifle peckish, just in time to see the bus pull away from the depot. If I had a car, I'd follow it out of town to make sure you didn't get off, that I wasn't the one waiting for you, stop after stop, with nothing to offer, nothing to say.

TUNDRAEN

Det middelaldrande paret levde for dette: å gå på husvisningar. Dei diskuterte pris, om området var attraktivt, om tida var kome til å flytte igjen. Dei studerte kart og lokalhistorie om kveldane, pakka tinga sine i øskjer merkte *kjøken, bad, skåp*, berre for å pakke alt saman ut igjen seinare i det nye huset. Å flytte var som å byrje livet på nytt, noko dei måtte gjere: gje opp advokatpraksisen, køyre hundespannet innover den endelause tundraen. Men nedgangen i bustadmarknaden avgrensar dei til å flytte ting innomhus. "Kjære, trur du denne lampa passar betre her?" Han snur seg vekk og kikar ut vindauget. På gata går ein mann nølande gjennom snøen, som om han ikkje veit kvar han er, ikkje veit kvar han er på veg. "Nei, ho passar bra der," seier han. "Eg likar det."

THE TUNDRA

The middle-aged couple lived for this: looking at houses for sale. They'd discuss the price, if the neighbourhood was right, whether it was time to move again. They studied maps and local history all night, packed their things in boxes marked *Kitchen*, *Bath*, *Closet*, only to repack everything later in their new house. Moving was like starting life all over again, something they just had to do: give up the law practice, drive the dog team into the vast tundra. But the current real estate market limits them to only moving things around the house. "Honey, do you think this lamp goes better over here?" He turns and looks out the window. In the street a man walks hesitantly through the snow, as if he doesn't know where he is, where he is going. "No, it looks good over there," he says. "I like it."

LEMEN

Lemen har ikkje lagånd. Alle seier at det blir lemenår i år, og du skulle tru at dei ville gle seg litt, hoppe omkring, gje kjertlane til kvarandre ein venleg sniff. Dei gjer ikkje det. Dei pistrar forbi som alltid, glefser etter naboane, surare enn nokon gong. Av ein eller annan grunn toler dei framgang dårleg, og styrer rett mot næraste avgrunn ved første teikn på suksess. Kanskje ser ei mor ein av sønene sine i trafikken. Ho vinkar ikkje, stoppar ikkje for å høyre korleis han har det, kva han har drive det til. Ho berre passerer i ei sky av støv og mosa blåbær. Ho veit at dei ikkje har noko tid å miste.

LEMMINGS

Lemmings have no team spirit. Everyone says this will be the "Year of the Lemmings," and you'd think they'd be pleased with that and jump around a bit and give each other's glands a friendly sniff. They don't. They're squeaking by as always, snapping at their neighbours, grumpier than ever. For some reason they don't take prosperity well, and at the first sign of success head straight for the nearest abyss. Perhaps a mother spots one of her sons in the traffic. She doesn't wave, doesn't even stop to find out how he's doing or what he's made of himself. She just passes him by in a cloud of dust and crushed blueberries. She knows there's no time to lose.

OPTIMISTAR

Telefonkatalogen blir tynnare og tynnare. Folk forsvinn frå fotografi for aldri å kome tilbake. Dører uopna i årevis blir borte i buskas og blomar på tapetet. Hundreår går på ein time ved kjøkenglaset. Einsam i lugaren sin byrjar Columbus på eit brev: "India må vere Paradis—umuleg å finne før ein er død." Likevel fann Columbus India. På same måte finn vi sanninga om liva våre og står opp kvar morgon med fornya energi. Ei verktøyrad i giv akt framom kartet av *Terra Incognita*. Handverkaren snur timeglaset: kvart sandkorn fell som ein stein.

OPTIMISTS

The phone book grows thinner and thinner. People vanish from photos, never to return. Doors unopened for years disappear into the shrubs and flowers from the wallpaper. Centuries pass in an hour by the kitchen window. Lonely in his cabin, Columbus begins a letter: "India must be Paradise—impossible to find unless you're dead." Still, Columbus did find India in the same way we find the truth about our lives and rise each morning with renewed energy. Tools stand at attention by the map of *Terra Incognita*. The craftsman flips the hourglass: every grain of sand falls like a stone.

HYTTA HANS VED HAVET

Den pensjonerte sirkuselefanten sit utanfor hytta si og ventar på at det første lyset skal råke bølgjene, dei håse måseskrika. I mørkret driv hugen hans tilbake til sirkusdagane. Blåsinga i snabelen. Så mektig det let inne i det vêrbitne teltet. Det einaste han angrar på er at han aldri lærte seg å hoppe. Han dreg pusten djupt, reiser seg, helsar sola med ein låg, rumlande lyd. Lyden av longe framfarne tider rullar ut over vatnet. Minutt, dagar, hundreår, ein kakofoni av tikkande tid og knirkande knoklar. Eit øydelagt hjul av lyd, splintra eiker som peiker i alle retningar medan det sakte sluttar å snurre.

HIS CABIN BY THE SEA

The retired circus elephant sits outside his cabin, waiting for the first light to hit the waves, the hoarse voices of the seagulls. In the dark, his mind drifts back to the circus. The trumpeting. How powerful it sounded inside that rugged tent. His only regret is that he never learned to jump. He takes a deep breath. The sun's rising now. He gets up, makes a low, rumbling sound. The sound of far-gone ages rolling out over the water. Minutes, days, centuries, a cacophony of ticking time and creaking bones. A broken wheel of sound, splintered spokes pointing in all directions as it slowly stops spinning.

LEIV EIRIKSSON

Djupa i sinnet er ikkje ulike djupa i havet. Alt du finn er mørker og gamle vrak. Det interessante er opp- og nedstiginga, variasjonane i trykk, mangfaldet av artar som driv omkring på yta og ikkje høyrer til nokon stad. Folk gjev tommelen opp og eg går ned. I årevis har eg prøvd å forklare korleis det er, og kvar gong kjenner eg meg som Leiv Eiriksson når han går i land på nordspissen av Newfoundland og pratar gamalnorsk til dei innfødde. Ingen forstår eit ord. Kanskje hadde han planlagt kva han skulle seie. Eller kanskje ikkje. Kanskje trudde han dei aldri ville nå land, at heile turen var eit frykteleg mistak.

LEIF ERICKSON

The depths of the mind are not unlike the ocean depths. You find only darkness and old wrecks. What's interesting is the going down and the coming back up, the variations of pressure, the variety of species drifting around at the top that don't belong anywhere. People give me the thumbs up, and I go down. For years I've tried to explain what it's like, and every time I feel like Leif Erickson arriving at the northern edge of Newfoundland, speaking Old Norse to the natives. No one understands a word. Maybe he'd planned what he was going to say, and then again maybe not. Maybe he thought he'd never reach land, how the whole thing was a terrible mistake.

DEN MYSTISKE VEGEN

I løpet av dei siste fem dagane har betjent Loe ved trafikkpolitiet i Trøndelag funne 154 bøker langs E6. Bøker om politikk, religion, sci-fi frå femtitalet, barnebøker, dikt, krimromanar, bøker om korleis du kan bli den beste utgåva av deg sjølv. Det er ingen ende på det. Kvar dag finn han fleire—bøker på skuldra, i grøfta, på asfalten. Han granskar og blar gjennom titlane, men finn ikkje noko mønster, ingen spor. Han har halde på sidan daggry, og i det sola går ned parkerer han patruljebilen ved ein rasteplass, opnar døra, sukkar, og lukkar auga. Litt vind. Motoren tikkar. Ute på markene stikk tustar av stivt februargras opp av snøen, og bortover vegen, dei mørke, firkanta formene av fleire bøker.

MYSTERY ROAD

For the last five days, Officer Loe of the Trøndelag traffic police has found 154 books along the E6. Books on politics, religion, fifties sci-fi, children's books, poetry, mystery novels, books on how to become a better version of yourself. There's no end to it. Every day he finds more—books on the shoulder, in the ditches, books on the tarmac. He studies the titles, leafs through their pages, but finds no pattern, no clues. He's been at it since early morning, and as the daylight fades, he parks his patrol car at a wayside rest, opens the door, sighs, and closes his eyes. A little wind. The engine ticking. Out in the fields, tufts of stiff February grass protrude from the snow, and for miles down the road, nothing but the dark, square shapes of books.

TÅFESTE

I årevis har ei usynleg hand snappa bier ut av lufta, vekslepengar frå lommeboka mi, PIN-kodar, småting eg veit eg har, men ikkje er sikker på kvar er. Kanskje gløymde eg umbrakonøklane på hytta, brillene i ei anna jakke. I gamle dagar trudde ein småfolket stod bak. I desse dagar forsvinn andre ting: minne, musklar, tåfeste. Ein kveld står eg utanfor ein stengt bensinstasjon med ei tom bensinkanne i handa. Bilnøklane er låst inne i bilen. Det byrjar å regne. Eg ringjer heim, men ingen plukkar opp røyret før eg høyrer mi eiga røyst på telefonsvararen. "Eg er ikkje tilgjengeleg akkurat no, men legg igjen ein beskjed etter pipetonen, så ringjer eg straks tilbake."

TOEHOLD

For years now an invisible hand has been snatching bees out of the air, change from my wallet, PIN codes, all the little gadgets I own, though I'm not quite sure where they are. Maybe I forgot the Allen wrench at the cabin, my glasses in another jacket. In the old days the little folks were said to be the culprits. These days other things keep disappearing: memories, muscles, my toehold. One night I find myself outside a closed gas station with an empty jerry can in my hand. The car keys are locked in the car. It begins to rain. I call home, but no one picks up until I hear my own voice on the answering machine. "I'm not available right now, but please leave a message after the beep, and I'll call you right back."

GREV ETTER ISTAPPAR

"Du grev etter istappar og finn berre regn"

—Bob Schneider

Ho opnar den store kista på mørkloftet og byrjar å gå gjennom åra, grev seg ned gjennom golvet til dei tomme soveromma, ned til stova, kjøkenet, og djupare inn i dagar og timar og minutt, til ho har gått gjennom alt. Så set ho kvart år varsamt tilbake på plass, stryk handa over kjøkenbenken, heng kopphandduken til tørk over vasken. Til sist opnar ho kjellarlemmen og kliv ned i mørkret der ho tek på seg flygarhjelm og briller, børstar støvet av ergometersykkelen, set seg opp, og byrjar å trakke det siste stykket til kanten der fjella tippar ut i stjernene.

DIGGING FOR ICICLES

"You're digging for icicles and only finding rain"
—Bob Schneider

She opens the big trunk in the attic and starts to go through the years, digging down through the floor, the empty bedrooms below, down through the living room, the kitchen, and deeper into days and hours and minutes, until she's gone through everything. Then carefully puts the years back in place, running her hand over the counter, hanging the dishrag to dry over the sink. Finally, she unlocks the basement door and climbs down into the dark, where she puts on her flying helmet and goggles, brushes the dust off her exercise bike, sits up, and begins to pedal the last stretch to the edge, where the mountains tip over into the stars.

ROTSYSTEM

til minne om Nelson Ball

1.

Eg finn ikkje fast grunn same kor eg set føtene denne morgonen.

2.

Gamle Tjikko står åleine på Fulufjället i Dalarna i Sverige—
rotsystemet er 9,561 år gamalt, ein prosesjon av stammar som
fell og spring opp igjen frå den same rota kvart femte hundreår
eller så gjennom millennia—

ROOT SYSTEMS

in memory of Nelson Ball

1\.

I can't find solid ground no matter where I put my feet this morning.

2\.

Old Tjikko stands alone on Fulufjället Mountain in Dalarna, Sweden—its root system alive for 9,561 years—a procession of trunks falling and springing back up from the same root system every five hundred years or so through the millennia—

NR. 1964

Eg er fange nr. 1964, fødeåret mitt. Cellenummeret mitt er det same som mobilnummeret mitt. Eg sit ofte framom celledøra og ser etter sprekker i legeringa, les fagbøker om materialtrøyttleik og overflateskader, indre og ytre press. I dag har fengselsdirektøren kome på besøk. Han gjev meg ein serviett med eit fargetrykk av "Storminga av Bastillen" på ei side og ein fluktplan på den andre. Det er ein labyrint av piler, tunnelar, luftsjakter, kloakkrøyr, og ei teikning av cella mi i full detalj, med direktøren og eg i djup samtale. "Eg er lei for det," snufsar han, "men fluktplanen er ikkje det du trur han er. Det er eit fengsel til utanfor dette, og eit til, og endå eit, ei endeløyse av fengsel. Vi har venta i årevis på at du skulle røme, men ingenting skjedde, og..." Han snyt seg. "Kor som er, denne planen vil ta deg til New Zealand. Etter det må du klare deg åleine."

NO. 1964

I'm prisoner 1964, my birth year. My cell number is the same as my phone number. I often sit in front of the cell door looking for cracks in the alloy, reading books on fretting fatigue and surface tension, inner and outer pressure. Today the warden has come to visit. He hands me a napkin with a colour print of *The Storming of the Bastille* on one side, an escape plan on the other. It's a labyrinth of arrows, tunnels, air shafts, sewer pipes, and a drawing of my cell, in full detail, with the warden and me in deep coversation. "I'm sorry," he sniffles, "but the escape plan isn't what you think it is. There's one more prison outside this one, and then another, and another, an endless number of prisons. We've been waiting for years for you to break out, but nothing's happened, and..." He blows his nose. "Anyway, this plan will take you as far as New Zealand. After that, you're on your own."

UFO-AR PÅ DEI NORSKE BYGDENE

I motsetning til i USA, landar det sjeldan UFO-ar på dei norske bygdene. I staden har vi huslege flygande tallerkenar, særleg ved juletider. Utan varsel fell dei ut av himmelen og krasjar i det gule håret vårt, lagar mystiske mønster i hjernebølgene våre. Kva vil dei? Er dei fiendtlege? Vi anar ikkje. Sjølv konene våre ristar på hovudet, mållause. Vi kan høyre ei høg summing, som om ein datamaskin inne i vraket framleis verkar, som om nokon har overlevd og samtalar frenetisk på eit framandt tungemål, nokon som kan ha svar på alle spørsmåla våre. Vi meiner den vitskapelege tilnærmingsmåten er best og sikrar ulykkesstaden, granskar og katalogiserer alle vrakdelar. Temperaturen fell fort under null. Vi kryp saman kring leirbålet, ein forvirra flokk primatar som plukkar lus frå håret til kvarandre i det bleike desemberlyset.

UFOS IN THE NORWEGIAN COUNTRYSIDE

Unlike in the US, UFOs in Norway don't often land in the countryside. Instead, we have domestic flying saucers, especially at Christmastime. With no warning, they fall out of the clear blue sky, crashing in our blond hair, making mystical patterns in our brainwaves. What do they want? Are they hostile? We don't have a clue. Even our wives shake their heads, unable to speak. There's a high-pitched humming sound, as if the computer inside is still working, as if someone had survived and is speaking frantically in a strange tongue, someone who can answer all our questions. We believe the scientific approach works best, so we secure the crash site, inspect and catalogue each piece of wreckage. The temperature is quickly falling below zero. We gather around the fireplace, a bewildered bunch of primates picking lice out of each other's hair in the faint December light.

SIRKUS

til Jason Heroux

Sirkuset vender heim etter trettifem år på vegen. Artistane er gamle no, utslitne, ingen kjenner igjen nokon lenger. Ingen har mykje å seie. Elefantdressøren kan ikkje hugse sist ho såg ein elefant, sverdslukaren kan berre ete mjuk mat, den menneskelege kanonkula slit med migrene. Innbyggarane har òg blitt gamle, trøytte av triks og spaning. Til og med byen har skrumpa inn og får fint plass i fyrstikkøskja sirkusdirektøren ber trygt i livkjolelommen sin medan han går bortover vegen mellom to stader som ikkje lenger finst.

THE CIRCUS

for Jason Heroux

The circus came back to town after thirty-five years on the road. The artists are all old now, worn out, no one recognizes anyone anymore. No one has much to say. The elephant handler can't remember when she last saw an elephant, the sword swallower can only eat soft food, the human cannonball suffers from migraines. The townspeople have grown old, too, tired of tricks and thrills. The town itself has shrivelled up, tiny, fitting easily into a matchbox the ringmaster keeps safe in his tailcoat pocket as he walks down the road between two places that no longer exist.

ACKNOWLEDGEMENTS

Grateful acknowledgement is made to the following journals in which many of these translations first appeared: *Absinthe: New European Writing*, *Alaska Quarterly Review*, *Arkansas International*, *Arts & Letters*, *Askew*, *Asymptote*, *Circumference*, *Colorado Review*, *Connotation*, *Ezra*, *5 AM*, *Great River Review*, *Hayden's Ferry Review*, *Ice Floe*, *International Poetry Review*, *Kenyon Review*, *Knockout*, *Literary Review*, *Malahat Review*, *MAYDAY Magazine*, *Nimrod International*, *Osiris*, *Plume*, *Poetry East*, *Poetry International*, *Prose Poems*, *Rattle*, *The Saint Ann's Review*, *Saranac Review*, *The Week Shall Inherit the Verse*, *Washington Square*, and *Willow Springs*. "Root Systems," in a slightly different version, was first published in *But in the Stillness* (Apt. 9 Press, 2024).

Grateful acknowledgement is made to Motionpoems, Inc., for the films *June*, directed by Jay Orff, and *Karl*, directed by Scott Wenner. Thanks to choreographer Beth Corning and the Dance Alloy Theater of Pittsburgh, Pennsylvania, for performing the ballet *In a Small Place*, inspired by these poems. Thanks to McKenzie Crook, Jean Follain, John Moreland, Stan Ridgway, James Tate, and James Welch, who are all quoted in the book.

Many thanks to the Assembly Press team of Leigh Nash, Andrew Faulkner, Debby de Groot, and Greg Tabor. I am deeply grateful to you for believing in this book, and working with you has been a delight from beginning to end.

I wish to express my deepest gratitude to my mother and father, my family, Cameron Anstee, Jenny and Dagfinn Harbak, Tom Hennen, Jason Heroux, John Levy, Harald Musum, Lars Sjøflot, Frank Sollie, Hugh Thomas, the late greats Nelson Ball, Michael Dennis, Louis Jenkins, and Clem Starck, and especially to Stuart Ross, Robert Hedin, and to my love, Angella Kassube, for all your help and encouragement over the years.

BIOGRAPHIES

DAG T. STRAUMSVÅG was born in 1964 in Kristiansund, a city on the sparsely populated coastline of Western Norway, and raised in the nearby county of Tingvoll. He has been employed as a farmhand, sawmill worker, librarian, and sound engineer for a radio station in Trondheim, where he has lived since 1984. He is the author and translator of ten books of poetry, including *A Bumpy Ride to the Slaughterhouse* (2006), *The Lure-Maker from Posio* (2011), both from Red Dragonfly Press, *Nelson* (Proper Tales Press, 2017), *Eleven Elleve Alive*, with Stuart Ross and Hugh Thomas (shreeking violet press, 2018), *But in the Stillness* (Apt. 9, 2024), and *A Further Introduction to Bingo*, with Jason Heroux (above/ground press, 2024). His work has appeared in a wide variety of journals in Norway, Canada, and the United States.

ROBERT HEDIN is the author, translator, and editor of two dozen books of poetry and prose. The recipient of many honours and awards for his work, he has taught at the University of Alaska, the University of Minnesota, St. Olaf College, and Wake Forest University. He is co-founder and former director of the Anderson Center at Tower View, a residential artist retreat, and lives in Frontenac, Minnesota.

RECYCLED
Paper
FSC® C100212

Printed by Imprimerie Gauvin
Gatineau, Québec